CONSIDÉRATIONS

SUR

LE PORTUGAL.

CONSIDÉRATIONS

SUR

LE PORTUGAL.

Par M. le Mis de Jouffroy.

Paris, 1833.

TABLE.

	pages.
Introduction	7
Esquisse historique	8
Usurpation de Philippe II.	13
Restauration de la maison de Bragance.	14
Règne de Jean VI.	16
Succession de Jean VI.	18
Situation légale de don Pedro et de dona Maria.	20
Légitimité de don Miguel.	24
Des prétendus sermens reprochés à don Miguel.	25
Autres reproches adressés à don Miguel.	30
Question monarchique.	34
Conclusion.	37

CONSIDÉRATIONS

SUR

LE PORTUGAL.

INTRODUCTION.

J'ENTREPRENDS de démontrer, d'une manière péremptoire, premièrement : Que don Miguel est l'unique, le légitime possesseur de la couronne de Portugal ; secondement, que loin d'être un tyran, ce prince est le restaurateur des libertés de son pays ; enfin, qu'il y a inconséquence, et même péril, de la part des cabinets européens, à laisser l'opinion publique en suspens sur une question aussi importante à leur salut commun.

Si le talent répondait à ma conviction profonde, je serais sûr de persuader tout lecteur qui n'a pas résolu, de propos délibéré, de nier l'évidence et de repousser la vérité : heureusement les preuves sont si claires, qu'il suffira de les exposer avec simplicité. Si on a mal jugé jusqu'ici cette question, il faut croire que c'était faute de la connaître. Pour me conformer à cette disposition état des esprits, je me vois forcé de tracer d'abord une esquisse historique de la légitimité portugaise.

ESQUISSE HISTORIQUE.

Ce fut au douzième siècle, époque où les guerriers du Christ conquerraient, pied à pied, sur les Mahométans, le sol de la péninsule Ibérique, que la monarchie portugaise surgit tout à coup du milieu d'un champ de bataille.

Alphonse-Henri, comte souverain de Portugal (1), à la tête d'un petit nombre de ses vassaux et de ses voisins, venait de détruire, à Ourique, une nombreuse armée commandée par quatre chefs maures ; au sein même de la victoire, ses troupes le proclamèrent roi. Alphonse appartenait déjà, par sa naissance, aux races royales ; le comté de Portugal avait formé la dot de sa mère, fille du roi de Castille. Dans la ligne masculine, notre Hugues-Capet était son trisaïeul.

Se conformant au droit public, alors généralement reconnu dans la chrétienté, Alphonse soumit d'abord le vœu de son armée au souverain pontife. Innocent II s'empressa de reconnaître, par une bulle, l'élection du prince victorieux, dont le nou-

---

(1) Cette principauté indépendante se composait alors des provinces de Minho, Tras-os-Montes, et de partie de celle Beira.

veau royaume devait se composer de ses propres états héréditaires et du territoire qui pourrait être conquis dans la suite sur les ennemis de la foi.

Acquise par l'épée, consacrée par la religion, Alphonse voulut que sa couronne fût encore confirmée par la libre volonté des peuples, qu'il convoqua à cet effet. Cette assemblée, la première des cortès de Portugal, eut lieu en 1141, dans l'église de Sainte-Marie d'Almacave, à Lamégo. On y remarque la réunion des trois ordres : le clergé (*episcopos*), la noblesse (*viros nobiles*), et les députés des communes (*procuratores.*)

Tout s'y passa dans la simplicité de ces tems héroïques. Alphonse y parut vêtu en chevalier ; on donna lecture de la bulle d'Innocent II ; on demanda ensuite aux états : Voulez-vous reconnaître pour monarque celui que vous avez déjà proclamé sur le champ de bataille? et l'assemblée répondit d'une voix unanime : Qu'Alphonse soit notre roi ! On le revêtit aussitôt des insignes de la royauté ; alors Alphonse Ier, tenant son épée nue, dit : « *Béni soit Dieu, qui a permis que cette épée vous délivrât de vos ennemis!* Maintenant que vous m'avez fait roi, faisons des lois (*constituamus leges*) qui assurent pour l'avenir la paix dans le royaume. »

Les états répondirent : Nous le voulons, et on convint, d'un commun accord, des articles suivans :

La couronne sera transmise de père en fils par

ordre de primogéniture (art. 1er). Si le fils aîné du roi meurt pendant la vie de son père , le fils puîné sera l'héritier (art. II) (1). Si le roi meurt sans enfans , le frère du roi héritera de la couronne sa vie durant ; mais son fils ne pourra être roi à son tour, s'il n'est élu par les états assemblés (art. III). Si le roi n'a pas d'enfant mâle, la fille héritera du trône ; mais sous la condition expresse qu'elle se mariera avec un seigneur portugais , lequel ne pourra prendre le titre de roi que lorsqu'il aura eu un héritier de son union avec la reine (art. IV et V).

Car, ajoutent les états , le trône ne pourra jamais appartenir qu'à un Portugais , et jamais la nation ne pourra obéir à un étranger.

La loi fondamentale de succession , rédigée en ces termes, fut lue par le chancelier Albert , et les états dirent : Cette loi est bonne et juste ; nous la voulons pour nous et pour nos descendans.

Le procureur du roi , Laurent de Viegas , se leva et dit : Vous convient - il que le seigneur roi se rende aux états de Léon , et qu'il paie tribut à quelqu'autre prince , excepté toutefois à notre Saint-Père le pape , qui l'a consacré roi ? Aussitôt tous les députés se levèrent et mirent l'épée à la main,

---

(1) Cet article, qui paraît avoir pour but d'éviter, autant que possible, les inconvéniens d'une régence, est remarquable ; on voit qu'il exclut les enfans du fils aîné, dans le cas où celui-ci n'aurait pas lui-même porté la couronne.

en s'écriant : Nous sommes libres ; notre roi est libre ; quiconque consentirait à de telles choses, serait indigne de vivre et de régner sur nous. Alors le roi se levant pareillement l'épée à la main, dit : Vous connaissez les combats que j'ai livrés pour votre liberté ; j'en atteste ce bras, cette épée, et je vous prends vous-mêmes à témoins : si quelqu'un reconnaissait une domination étrangère, fût-il mon fils ou mon petit-fils, qu'il meure ; il serait indigne de régner. Et les états applaudirent à ces paroles, en répétant : C'est bien dit : qu'il meure, il serait indigne de régner.

Telle fut la loi des célèbres cortès de Lamégo, origine de la légitimité portugaise ; loi écrite, comme on le voit, sur le berceau même de la monarchie. Par un privilége assez rare parmi les dynasties souveraines, dont les droits reposent, pour la plupart, sur des traditions éloignées et plus ou moins obscures, la royauté de Portugal s'appuie sur un document historique, et réunit en sa faveur les conditions diverses exigées, soit par les partisans du dogme de la légitimité, soit par ses adversaires. En effet, cette couronne fut le prix de la victoire ; elle fut consacrée par le chef de l'église universelle ; elle fut enfin décernée par le peuple assemblé, en sorte que tous les descendans d'Alphonse-Henri ont toujours pu dire avec autant de vérité que de fierté, qu'ils tenaient leur sceptre de Dieu, de leur épée, et de la volonté nationale.

Pendant quatre cents ans, la loi fondamentale de Lamégo fut soigneusement observée; la couronne passa, sans troubles, d'héritiers en héritiers, et presque toujours, comme l'atteste l'histoire, de héros en héros. Consolidée et agrandie par de continuelles victoires sur les Maures, la monarchie portugaise parut bientôt avec éclat dans la confédération des puissances chrétiennes; elle rendit des services signalés au tems des croisades; elle aida les Espagnols à repousser les Musulmans en Afrique, et chacun connaît le haut degré de puissance et de gloire où elle parvint après les mémorables expéditions des Gama et des Albuquerque; son pavillon couvrait les mers de l'Asie et de l'Amérique, à une époque où l'Angleterre ne naviguait encore que sur ses propres côtes.

Plusieurs fois des cas douteux se présentèrent, relativement à la succession au trône, lorsqu'il manquait d'héritiers immédiats. Ces cas étaient toujours soumis à la décision des cortès assemblés, qui jugeaient selon la lettre et selon l'esprit de la loi de Lamégo; pour être court, je n'en citerai que deux exemples :

Ferdinand Ier n'eut qu'une fille, Béatrix, qui, ayant épousé le prince Jean de Castille, fut déclarée déchue de tous ses droits à la couronne par les cortès réunis à Coïmbre, en 1385; ceux-ci élurent, à la place de cette princesse, Jean Ier, fils naturel de Pierre-le-Justicier.

Jean II n'ayant point d'enfans légitimes, les cortès adjugèrent la couronne à son cousin, Emma-
nuel, neveu d'Alphonse V.

Enfin la mort, ou du moins la disparition du
jeune roi Sébastien en Afrique, n'ayant laissé pour
successeur au trône que le cardinal Henri, Philippe II, roi d'Espagne, puissant et ambitieux voi-
sin, jugea l'occasion opportune pour réunir le Portugal à ses possessions.

USURPATION DE PHILIPPE II.

Pour arriver à ses fins, Philippe sentit qu'il fallait, avant tout, empêcher que la loi fondamentale
fût appliquée ; le cas était arrivé où, selon l'antique
usage, les cortès devaient décider du choix de l'héritier de la couronne. Les prétendans ne manquaient
pas, et, parmi eux, le grand prieur de Crato et
Catherine, duchesse de Bragance, réunissaient tous
deux les conditions d'hérédité et d'indigénat, tandis
qu'il suffisait de sa qualité d'étranger pour faire ex-
clure le monarque espagnol. L'influence de Philippe s'opposa, pendant le règne du trop faible
cardinal-roi, à toute convocation des cortès. A la
mort de ce dernier, une armée, commandée par le
fameux duc d'Albe, vint menacer le Portugal ; des
dons et des promesses séduisirent une partie des
membres des états ; l'or et la peur produisirent un
simulacre de cortès, qui, foulant aux pieds le droit

public et les intérêts du pays, livrèrent la couronne à l'heureux Espagnol.

Cette première atteinte à la constitution du Portugal fut le signal de sa décadence ; ce royaume qui, sous la dynastie nationale, était parvenu, en moins de quatre siècles, au plus haut période de gloire et de prospérité, fut effacé de la liste des grandes puissances sous les règnes de Philippe et de ses deux successeurs ; après soixante ans d'oppression, une conjuration patriotique replaça sur le trône la postérité de ses anciens rois ; mais le mal causé par l'usurpation ne put jamais être réparé : tant il est vrai que le principe qui constitue une nation est un principe de vie qu'on ne saurait jamais violer sans danger.

A l'avènement de la maison de Bragance, la loi fondamentale de Lamégo fut solennellement remise en vigueur.

RESTAURATION DE LA MAISON DE BRAGANCE.

A peine le petit-fils de Catherine de Bragance eut-il été salué roi, sous le nom de Jean IV, par les acclamations unanimes du peuple portugais, qu'il s'empressa de réunir dans sa capitale, en 1641, les cortès du royaume. Leur premier soin fut de constater les droits légitimes du duc de Bragance à la couronne ; immédiatement après, on songea à prévenir, pour la suite, tout prétexte à une usurpation semblable à celle dont le Portugal venait d'être victime. Tout en confirmant dans leur entier les dispositions de la loi de Lamégo, on jugea à propos d'y ajouter des règlemens applicables à certains cas de succession que les premiers cortès ne semblaient pas avoir prévu avec une suffisante précision. Ces nouveaux articles, que Jean IV convertit, en 1642, en loi fondamentale de l'état, portait en substance :

« Que la succession du royaume ne pourra jamais échoir à un prince étranger, ni à ses enfans, alors même qu'ils seraient les plus proches héritiers du sang.

» Que, dans le cas où le roi de Portugal serait appelé à régner dans un autre pays ou dans un grand empire, il serait obligé de résider toujours en *Portugal; que s'il y a deux enfans mâles, l'aîné ira régner dans l'empire étranger, et le second, ou puîné, restera en Portugal, où il sera le seul héritier et successeur de la couronne.* S'il n'y a qu'un enfant mâle, il devra rester en Portugal, et la division des royaumes n'aura plus lieu qu'entre ses enfans après lui. S'il n'a que des filles, l'aînée succédera au trône de Portugal, avec l'obligation *expresse d'épouser un Portugais,* dont le choix devra être approuvé par les états réunis en cortès....... »

C'est ainsi que la loi de succession au trône de Portugal a été réglée; le texte de cette loi et l'histoire de ses applications, font assez juger de l'esprit dans lequel elle fut rédigée; tout fut calculé pour assurer au berceau de l'état une perpétuelle indépendance. Un territoire borné, des voisins puissans, firent sentir aux vainqueurs d'Ourique la nécessité d'imposer aux souverains la condition de l'indigénat, et de repousser d'avance toutes prétentions fondées sur des alliances avec des princesses du sang royal portugais. Après la restauration de la maison de Bragance, l'immense étendue des colonies, et leur prospérité croissante, durent faire prévoir le cas où un monarque voudrait transporter le siége du royaume hors du Portugal, et le cas probable aussi où de si vastes possessions, séparées par des mers immenses, viendraient à se démembrer. Le lecteur attentif a déjà pu remarquer que les dispositions les plus essentielles de la loi des cortès de 1641 sont précisément applicables à la situation actuelle du Portugal et du Brésil; il me reste peu de choses à dire pour le démontrer à l'évidence.

RÈGNE DE JEAN VI.

Le dernier roi de Portugal, Jean VI, chassé de ses états par les armées françaises, rentra enfin dans le palais de ses pères en 1821. Ce n'est point ici le lieu de parler des révolutions qui troublèrent les dernières années de son règne; il suffit de remarquer qu'il avait replacé lui-même le Portugal sous l'empire de ses anciennes institutions; que lorsque le monarque mourut en 1826, la constitution du royaume était en vigueur, et que sa succession s'ouvrit sous le règne de la loi fondamentale.

Jean VI avait laissé, à Rio-Janeiro, en qualité de vice-roi, son fils aîné *don Pedro*, qui, en octobre 1822, se proclama souverain du Brésil, déclara le nouvel empire à jamais séparé de la métropole, expulsa à main armée les garnisons et les troupes portugaises, et offrit à l'Angleterre de contracter, séparément avec lui, un traité de commerce.

Le 12 décembre de la même année, don Pedro donnait une constitution à ses nouveaux sujets; le 20 février 1823, il écrivait au pape une lettre d'obédience signée *Pierre* Ier, par la grâce de Dieu, empereur des Brésiliens. Le 15 juillet 1824, il écrivait au Roi, son père : « *Votre Majesté doit* » *reconnaître sans délai l'indépendance du Bré-* » *sil.... J'ai déjà dit à Votre Majesté que je ne* » *voulais rien,* PLUS RIEN DU PORTUGAL..... *Les* » *Brésiliens et moi, leur empereur, ne change-* » *ront jamais de résolution, décidés que nous* » *sommes à mourir, l'épée à la main, car nous* » *avons juré* INDÉPENDANCE OU LA MORT...... *Moi* » comme Empereur, et Votre Majesté comme Roi, » NOUS SOMMES EN GUERRE, car nous devons soutenir les droits des nations INDÉPENDANTES dont » nous sommes les chefs. »

Enfin, le 29 août 1825, à la sollicitation de

l'Autriche et sous la médiation de l'Angleterre , un traité de paix entre Jean VI, roi de Portugal et Pierre Ier, empereur du Brésil, consacra formellement la séparation des deux empires. On y stipule des conventions réciproques pour les sujets *des deux nations ;* on y fixe leurs relations politiques et les droits de commerce entre elles , etc , etc.... Ce traité fut ratifié à Lisbonne en novembre. En janvier suivant, la France reconnut l'indépendance du Brésil et la dignité impériale dans Pierre Ier et ses légitimes successeurs. Peu après , la Prusse et la Suède suivirent cet exemple.

C'est dans cette situation de choses que le trône de Portugal devint vacant , le 10 mars 1826 , par la mort du roi (1). Il laissait deux enfans mâles , don Pedro et don Miguel.

SUCCESSION DE JEAN VI.

Pour juger à qui des deux frères appartenait légitimement la couronne de Portugal, d'après la loi fondamentale du pays , c'est-à-dire selon le droit et la justice , il suffira d'observer que toutes les conditions d'exclusion se réunissaient dans la personne de don Pedro , tandis que don Miguel

---

(1) Ou plutôt le 6, selon les personnes qui se disent bien informées de cet événement, qu'un voile mystérieux couvre encore.

possédait, en retour, toutes celles voulues par le texte et l'esprit de la loi de succession.

Cette loi veut, sur toutes choses, l'indigénat ; don Pedro s'est fait solennellement étranger : il a déclaré la guerre, il a fait la paix du vivant du roi son père ; il a renoncé, *les armes* à la main, à sa *qualité de* Portugais, et à ses droits à la couronne comme prince royal. La loi impose au roi la résidence en Portugal : don Pedro s'est fixé sans retour dans l'autre hémisphère par la constitution qu'il a jurée à ses nouveaux sujets. Enfin, depuis la séparation et l'indépendance des deux états, consommée à la face de l'univers, par le traité de 1825, le cas prévu, par les cortès de 1641, est arrivé ; la loi veut textuellement, que l'aîné, c'est-à-dire don Pedro, règne sur l'empire éloigné ; et que le puîné, c'est-à-dire don Miguel, *soit le seul* souverain légitime du Portugal.

Cette conclusion est si évidente, que j'aurais presque honte pour le lecteur qui ne l'aurait pas extraite avant moi du simple et véridique exposé des faits que j'ai mis sous ses yeux. Il me reste à retracer les actes auxquels a donné lieu l'ouverture de la succession du roi Jean VI.

L'empereur du Brésil reçut, à Rio-Janeiro, le 25 avril, la nouvelle de la mort de son auguste père : le 26, il prend le titre de roi de Portugal, et crée pour ce royaume soixante-dix-sept pairs ; le 27, il publie un décret d'amnistie ; le 29, il décrète une longue charte constitutionnelle pour le Portugal, qui renverse de fond en comble les constitutions de ce pays (1). Enfin, le 2 mai, il abdique la couronne en faveur de sa fille dona Maria-da-Gloria, princesse brésilienne du Grand-Para.

SITUATION LÉGALE DE DON PEDRO ET DE DONA MARIA.

Ce qu'il est permis de dire convenablement de tous les actes publiés par S. M. I. pendant cette laborieuse semaine (2), c'est qu'ils sont tous frappés d'une complète nullité.

L'empereur du Brésil avait abdiqué, long-tems avant la mort du feu roi, ses droits au trône de Portugal, en se créant une souveraineté étrangère, en déclarant la guerre au Portugal, en invoquant contre

---

(1) Il est à remarquer que le préambule de cette Charte exige qu'elle sera acceptée et jurée par les trois états du royaume, c'est-à-dire par les anciens cortès réunis, condition visiblement impossible, puisque les états du royaume sont invités par-là à se suicider. Cette condition inexécutable suffit pour faire juger de l'illégalité de la Charte en elle-même.

(2) La Charte constitutionnelle de don Pedro contient à elle seule 145 articles.

Il faut remarquer aussi que dès le mois de mars précédent, le *Times,* organe du ministère anglais, avait annoncé l'abdication de don Pedro en faveur de sa fille, et le mariage de celle-ci avec son oncle don Miguel, ce qui prouve que les actes de l'empereur étaient préparés en deçà de l'Océan.

ce royaume l'appui des autres états, en refusant de reconnaître l'autorité des cortès de Lamégo et de Lisbonne, et en essayant de détruire les institutions sur lesquelles reposent uniquement les droits de la maison de Bragance à la couronne. Une fois répudié de la manière la plus solennelle, don Pedro ne pouvait transférer ses droits à personne.

Et, dans le cas même où S. M. I. aurait été le légitime souverain du trône à la mort de Jean VI, elle n'eût pu jamais faire passer la couronne sur la tête de dona Maria, puisque don Pedro a un fils, et que la loi de Portugal n'admet les filles qu'à défaut d'enfans mâles.

Quelques partisans de la royauté de dona Maria, abandonnant l'espoir de défendre les prétentions de don Pedro, ont dit que cette princesse étant née sous le régime de la loi fondamentale, à une époque où son père était encore prince royal et légitime héritier de la couronne, ce prince n'a pu, en perdant ses propres droits, anéantir ceux de sa fille, qui était effectivement, lors de sa naissance, héritière présomptive de l'héritier présomptif du royaume.

Cette objection est résolue par le texte même de la loi fondamentale : « Si le fils aîné, disent les cortès de Lamégo, meurt du vivant de son père, le fils puîné sera l'héritier. » La qualité d'étranger, selon la loi de 1641, exclut du trône même le plus proche héritier du sang.

Il est aisé de voir qu'en Portugal l'héritage du trône n'appartient qu'au prince qui possède des droits le jour même où il vient à vaquer. Le fils aîné du roi régnant cesse-t-il d'être l'héritier présomptif, soit par sa mort naturelle, soit par la mort civile ou l'incapacité dont la loi frappe tout étranger? La loi elle-même a determiné d'avance à qui ses droits se transportent ; ce n'est point à ses enfans, c'est au fils puîné du roi. Si dona Maria était devenue orpheline avant la mort de Jean VI, elle n'eût plus eu de droits à la couronne ; elle les a perdus de même en devenant, du vivant du feu roi, fille d'un prince étranger ; elle ne pouvait être héritière présomptive du trône que sous la condition que son père serait roi avant elle. En un mot, la petite-fille d'un roi de Portugal ne saurait être reine tant qu'il existe un fils de ce roi habile à porter la couronne.

D'ailleurs, dona Maria est née en 1819, et, dès le 16 décembre 1815, le Brésil avait été élevé, par décret royal, à la dignité, prééminence et dénomination de royaume, dès ce moment, le cas prévu par les cortès de Lamégo était arrivé ; la séparation des deux royaumes devait se faire entre les enfans du roi, et don Pedro devait régner sur l'empire étranger. A sa naissance, dona Maria était donc princesse impériale du Brésil, et la succession au trône de Portugal appartenait à la ligne puînée.

Enfin, la loi fondamentale du Portugal a sagement prévenu toutes difficultés sur ce sujet. S'il s'élève le moindre doute, c'est aux trois états légalement réunis en cortès qu'il appartient de le résoudre, et cette règle a été suivie dès l'origine du royaume ; c'est à son accomplissement que les aïeux de don Pedro doivent la couronne.

L'empereur du Brésil, en se refusant à cette épreuve, en repoussant un devoir imposé, en quelque sorte, à sa dynastie dès le principe, a montré assez clairement qu'il ne comptait pas sur ses droits pour appuyer ses prétentions tardives. Une amnistie précipitée, des brevets de pairs prodigués, les institutions légitimes d'un pays renversées ; ce ne sont pas là les actes d'une légitimité qui aurait confiance en elle-même.

L'infant don Miguel en a agi autrement. S'échappant avec peine des rets diplomatiques, il débarque en Portugal, sous le titre modeste de régent, et mille voix le proclament roi. Il refuse ce titre, convoque, avec les formes les plus libres, les trois états du royaume, et ceux-ci reconnaissent, à l'unanimité, l'évidence de ses droits. Le manifeste des cortès de 1828 est un chef-d'œuvre de modération et de clarté, digne des tems anciens, digne d'ouvrir le règne d'un prince qui, suivant l'exemple dès Alphonse Ier et des Jean IV, a voulu que sa légitimité fût consacrée par le vœu de la nation légalement représentée, et dont l'autorité souveraine est d'autant plus respectable qu'il a lui-même scrupuleusement respecté les lois et les priviléges de son pays.

LÉGITIMITÉ DE DON MIGUEL.

En matière de souveraineté, ce qui est légal, c'est ce qui existe en vertu d'une loi antérieure bien reconnue, quelle que soit cette loi. La légitimité est la même partout ; mais les conditions qui l'établissent peuvent varier : ainsi le trône de France appartient au plus proche héritier mâle du sang, en ligne directe ; tandis qu'en Portugal les filles peuvent succéder, et qu'on a prévu le cas où l'héritier du sang pourrait être exclu. Les deux lois, pour n'être pas identiques dans les termes ni dans leurs effets, n'en sont pas moins obligatoires et sacrées, chacune pour le pays qu'elle régit.

Tant que le plus proche héritier des *Bourbons* existera quelque part, tout autre qui occupera le trône sera un usurpateur. Tel est notre droit public ; et si la jeune France feint de ne pas le connaître, il faut lui rappeler que *Bonaparte* le comprenait si bien, qu'il eût volontiers échangé deux ou trois provinces contre l'abdication qu'il sollicitait à Mittau. Une génération peut être élevée et vivre dans l'ignorance de la loi, sans que la loi cesse pour cela d'exister. LE DROIT EST IMMORTEL, ON L'USURPE, ON NE LE CONQUIERT PAS. Il n'y a donc nulle parité entre l'élection de Napoléon et d'Alphonse Ier., qui n'usurpait les droits de personne.

En Portugal, la nation, représentée par les États, doit apprécier, aux termes de la constitution, la situation et l'aptitude du prétendant à la couronne. En France, la nation ne doit reconnaître que l'*identité de l'individu.* Dans les deux pays, les conditions pour la *légitimité* sont fixées d'avance, et le prince qui s'en trouve revêtu règne de *droit divin.* Voilà la solution du problème qui n'eût pas embarrassé, dans un siècle moins éclairé que le nôtre, le moindre écolier des universités de Coïmbre ou de Paris.

DES PRÉTENDUS SERMENS REPROCHÉS A DON MIGUEL.

Don Miguel, comme on sait, a prêté serment, en qualité de régent, à la Charte imposée au Portugal par don Pedro ; il l'a prononcé à Vienne ; il l'a confirmé, dit-on, à Londres ; il l'a réitéré à Lisbonne à son arrivée.

Je pourrais d'abord remarquer que don Miguel, exilé, entouré d'espions ou même d'ennemis, gardé à vue, pour ainsi dire, dans une cour étrangère, a bien pu n'être pas libre de refuser les sermens qu'on exigeait de lui. Il fallait, avant tout, qu'il obtînt un passeport pour retourner dans son pays ; et ne connaît-on pas la maxime célèbre, que la violence ne saurait obliger ? Mais je n'ai pas besoin de recourir à de tels moyens.

Je dis que don Miguel a pu, et même qu'il a dû prêter les sermens dont il s'agit, dans toute la sincérité de son cœur, et avec la ferme intention de les exécuter; car il ignorait alors que ses actes étaient nuls, illicites et attentatoires à la liberté de son pays.

C'est une maxime de droit que nul engagement ne saurait être valable, si celui qui le contracte n'a pas eu qualité suffisante. Or, ni don Pedro, ni les cours de Vienne et de Londres, ni don Miguel lui-même n'avaient qualité pour transiger de la légitimité portugaise, qui est une propriété nationale, dont la loi du pays a déterminé la nature et les conditions; encore moins avaient-ils qualité pour bouleverser, au moyen d'une Charte, les institutions fondamentales elles-mêmes.

Il ne faut pas considérer les engagemens de l'infant don Miguel comme ceux d'un homme privé qui dispose de son propre bien, mais comme les promesses d'une personne publique, dont l'exécution est toujours subordonnée aux droits des tiers qu'il représente. La personne publique est ici l'infant régent; les tiers, ce sont les états du royaume et don Miguel devenu roi; et, si la legislation civile de tous les peuples accorde aux mineurs le privilége de réintégration entière (*restitutio in integrum*) dans tout ce qui a été stipulé à leur désavantage jusqu'au jour de leur émancipation, il faut convenir, *à fortiori*, qu'une nation légalement constituée et représentée, peut toujours déclarer nul ce qui a été fait contre sa volonté, ses droits et ses intérêts, en son absence, par des individus sans qualité, qui ne l'ont pas même consultée. C'est ici qu'on peut dire avec autant de justice que de précision, que le roi ne peut reconnaître les engagemens du prince royal.

Le duc de Bragance, Jean IV, avait aussi prêté serment au roi d'Espagne ; cette circonstance ne manqua pas d'être rappelée aux états de 1641, qui décidèrent que tout serment prêté par l'héritier légitime de la couronne ne pouvait lier, ni lui-même devenu roi, ni la nation. Le droit public de tous les peuples concorde en ce point, ce qui ne saurait étonner ; car ce principe, c'est la raison même.

Ainsi, les sermens de don Miguel, avant son avènement au trône, ne sauraient préjudicier le moins du monde à ses droits ; l'infant ne pouvait donner aucune autorité à la Charte de don Pedro.

Il ne pouvait détruire, quoiqu'il fît, aucun des priviléges résultant en sa propre faveur des cortès de Lamégo et de ceux de 1641, à moins qu'il ne se fît étranger, à l'exemple de son frère. Sa personne royale était une *propriété de la nation portugaise* qu'il ne pouvait lui-même soustraire, à moins d'abdiquer ses droits et son pays, et tous les actes de sa régence sont radicalement nuls.

Que si l'on veut faire de ces actes l'objet d'un reproche personnel, et l'accuser de dissimulation étudiée , j'ai dit et je répète qu'il a dû prêter ces sermens de bonne foi. Il est facile de s'en convaincre en se reportant au tems et aux circonstances qui l'entouraient.

En acceptant la régence, l'infant a dû en accepter les charges, sans même prévoir qu'une situation nouvelle lui en imposerait bientôt d'une nature opposée. Le prince ne pouvait penser à lier le futur roi. A Vienne, à Londres, sur le vaisseau qui le portait en Portugal, il ne pouvait se croire que régent. Son adolescence s'était écoulée au milieu des commotions révolutionnaires qui avaient bouleversé l'ancienne constitution du pays. Les hommes qui l'entouraient étaient choisis parmi les ennemis de l'ordre légal, partisans des prétentions de la cour de Rio-Janeiro et adversaires des droits du prince. Les cabinets eux-mêmes que don Miguel avait fréquentés ignoraient, ou du moins gardaient un étrange silence sur le véritable état de la question. Il ne pouvait se flatter de connaître le vœu de sa nation opprimée par la faction libérale et privée de ses organes légitimes, les anciens cortès. D'ailleurs, s'il se fût élevé dans son esprit quelque doute, eût-il pu jamais se considérer et agir comme roi, avant que les états du royaume, seuls juges en pareil cas, eussent prononcé entre don Pedro et lui? En un mot, ce qu'il jurait comme régent, rien ne lui indiquait alors que bientôt, comme roi, il lui serait impossible de le maintenir.

Toute la conduite de don Miguel vient à l'appui de cette assertion. A peine débarqué en Portugal, la nation se soulève en sa faveur. Un arrêté du corps municipal de Lisbonne lui décerne le sceptre, à l'unanimité. Des adresses dans le même sens lui arrivent de toutes les villes; des régimens sortent de leurs casernes au cri de *vive le roi!* On eût dit que les tems d'enthousiasme de Jean IV étaient revenus. Cependant, que fait don Miguel? il veut rester fidèle à ses sermens; il déclare que quiconque le proclame roi est coupable de rébellion. Mais bientôt des cris de réprobation universelle s'élèvent contre la Charte de don Pedro; de toutes parts on réclame l'ancienne constitution; les partis se forment; le sang va couler. Que peut faire don Miguel en ces graves circonstances? que fait-il en effet? l'acte le plus légal, le plus prudent, le plus généreux, le seul qui puisse obtenir le suffrage universel; il convoque les états; il rend à la nation ses priviléges; il lui laisse la liberté de manifester son vœu et d'exercer ses droits selon la loi fondamentale et la justice.

Et qu'on ne dise pas que les cortès de 1828 furent composés de partisans de don Miguel, ou qu'il leur imposa son influence; les faits démentiraient cette supposition. C'est au moment où les principales forces militaires du royaume, réunies à Oporto, se montraient hostiles à don Miguel; où une partie de la nation était encore dans l'ignorance sur la question en litige de l'héritage de Jean VI ; où presque tout le corps diplomatique portugais avait donné sa démission pour sontenir les droits du Brésil ; où enfin la cause de don Miguel n'avait pour elle, aux yeux des états, que la loi et la raison ; c'est dans cette situation des choses que les cortès, entraînés par l'évidence des droits de don Miguel au trône, les proclamaient à la face de l'Europe.

En acceptant la couronne, don Miguel a rendu la liberté intérieure à son pays, il y a éteint la guerre civile ; il l'a affranchi du joug le plus humiliant pour un peuple, *du joug de sa propre colonie.* De tels bienfaits, et la reconnaissance d'une nation entière, ne suffiront-ils pas, aux yeux des casuistes les plus scrupuleux, pour compenser l'inconvénient d'avoir fait prêter à l'infant régent des sermens que S. M. don Miguel Ier s'est trouvée ensuite dans l'impossibilité de maintenir ?

AUTRES REPROCHES ADRESSÉS A DON MIGUEL.

En France, on a reproché à don Miguel de s'être révolté contre son père, Jean VI. Cette accusation est une calomnie absurde ; on l'a crue, pourtant, parce qu'elle était tombée de haut, de la bouche même d'un ministre de Charles X. C'est M. Hyde de Neuville qui l'a inventée ; lui qui, pendant son ambassade de Lisbonne, encourageait la franc-maçonnerie comme un moyen utile de *constitutionnaliser* le pays, c'est-à-dire de le pousser dans la voie des chartes et du libéralisme bâtard, qui devait précipiter du trône la légitimité française au bout de quelques années.

Soulevons un coin du voile qui couvre la conduite politique de M. Hyde de Neuville à Lisbonne, et tout s'expliquera aisément.

En 1824, M. de Neuville, ambassadeur en Portugal, se trouvait intimément lié avec M. de Subserra Pamplona, chef du ministère de Lisbonne.

M. de Subserra était en horreur à la nation portugaise par un motif assez simple : on l'avait vu comhattre son pays sous les drapeaux de Bonaparte. Il avait été condamné au dernier supplice pour cette trahison ; et sa sentence existe encore aujourd'hui dans les archives de Lisbonne.

Dire comment un traître condamné était parvenu à se faire premier ministre du faible Jean VI, ce ne serait que raconter une de ces nombreuses anomalies dont la débonnaireté des rois et la hardiesse des intrigans politiques ont entaché, dans plusieurs royaumes, l'histoire de notre tems ; il suffira de savoir que M. de Subserra n'avait pour appui que les révolutionnaires de Portugal, l'anglomanie de M. de Palmella, et le goût de M. Hyde de Neuville pour les innovations politiques à la mode.

L'infant don Miguel, qui, l'année précédente,

par une résolution courageuse, avait délivré son auguste père du joug des jacobins portugais, et qui en avait été récompensé par la confiance paternelle et le commandement général de l'armée, se décida, le 30 avril 1824, à soustraire, une seconde fois, le trône et le pays aux dangers imminens que leur faisait courir un ministère uniquement appuyé sur la faction ennemie de la monarchie. Ce mouvement du 30 avril fut donc dirigé principalement contre M. de Subserra, que don Miguel ordonna de saisir. Il s'échappa, et M. de Palmella fut seul arrêté.

A cette nouvelle, M. de Neuville réunit le corps diplomatique. Son amitié pour M. de Subserra était vivement alarmée : son courroux s'allume, sa raison même en paraît troublée. Il déclare, du ton impérieux qu'on lui connaît, que le but de don Miguel est de ravir à son père le trône et peut-être la vie.

Ces terribles paroles, tombées de la bouche de l'envoyé du royaume des Francs, produisirent sur les ministres étrangers l'effet qu'on en pouvait attendre. Le plénipotentiaire anglais, M. Thornton, se laissa persuader lui-même, malgré les vives représentations de lord Beresford, qui, mieux que personne, connaissait l'état des choses et le but du mouvement. Les ministres étrangers, ayant M. de Neuville en tête, se rendent au palais, forcent la consigne, pénètrent auprès du roi, et leur chef lui signifie qu'on ait à mettre en liberté M. de Palmella, et à lui rendre son porte-feuille. Peu après, on entraîne Jean VI à bord d'un vaisseau anglais, où l'on fixe le siége de son gouvernement pendant plusieurs jours. M. de Neuville triomphe. M. de Subserra reste premier ministre, et la même main qui force le vieux roi à signer l'exil de don Miguel, fait aussi signer, par reconnaissance, un brevet de comté de Bemposta pour M. de Neuville.

Cependant ce jeune prince qu'on dépeignait comme un ambitieux, presque comme un parricide; ce prince, qui commandait toutes les forces militaires, et qui était adoré de l'armée et du peuple, dépose l'épée, du moment où le roi a quitté son palais. Au premier ordre de son père, il se rend seul à bord du *Windsor-Castle*, et il se soumet, en victime résignée, à l'exil que lui inflige, par l'organe de l'infortuné Jean VI, la coalition ministérielle dont M. de Neuville s'est fait le chef.

Mais lord Beresford, indigné de tout ce qui s'est passé, et de l'injustice dont le jeune prince est victime, s'embarque à la hâte pour l'Angle-terre; sur son rapport, le gouvernement britannique désapprouve et rappelle M. Thornton. Sir Willam A'Court, alors à Madrid, est envoyé immédiatement à Lisbonne. Dès son arrivée, on apprend qu'il vient provoquer la destitution des

ministres, et venger ainsi, au moins indirecte-
ment, l'injure faite à don Miguel. A peine quelques semaines s'étaient écoulées, que le ministère
était en effet renversé : M. de Neuville lui-même
avait quitté Lisbonne, et, depuis ce tems, l'influence française dans cette cour a cessé d'exister.

On pourrait corroborer ce récit par d'autres
circonstances, et l'enrichir de beaucoup d'anec-
dotes ; mais c'en est assez pour faire juger des
motifs qui ont porté M. Hyde de Neuville à se déclarer, à tout propos, l'ennemi acharné du gouvernement actuel du Portugal.

QUESTION MONARCHIQUE.

Je ne traiterai pas ici la question du commerce,
toujours intéressé à voir régner l'harmonie entre
des états voisins. Mais que de motifs militent en
faveur de la reconnaissance du roi de Portugal,
dont le retard laisse aux yeux des peuples une
lacune inexplicable dans la carte monarchique de
l'Europe !

D'abord, la force des choses : la monarchie de
don Miguel est un fait contre lequel nulle préven-
tion, nulle antipathie, nul raisonnement ne sauraient prévaloir ; et la fonction des hommes qui
dirigent les grands intérêts politiques des nations
est de constater ce qui existe. La reconnaissance
dont nous parlons aura lieu inévitablement plus

tôt ou plus tard ; et pourquoi donc attendre plus tard ?

Si l'on envisage la question sous le rapport de la haute politique, il est facile de montrer que le roi de Portugal s'est acquis, à la reconnaissance des monarques européens, des droits incontestables, auxquels se joint en sa faveur un motif péremptoire, celui de l'utilité.

En expulsant la révolution de la péninsule, don Miguel s'est non-seulement placé parmi les membres de la grande confédération monarchique qui combat depuis quinze ans la révolution; mais S. M. T. F. s'est signalée, dès le premier instant, comme le plus utile auxiliaire et le plus ferme appui de cette tutélaire alliance.

Pour s'en convaincre, reportons les yeux sur l'Espagne. Après avoir sauvé, par sa résistance héroïque, l'Europe du joug de Napoléon, elle était tombée, il y a dix années, en puissance d'une faction qui n'était autre que la révolution européenne, comme cela fut démontré sur la Bidassoa, où le premier coup de canon abattit un drapeau tricolore. Lorsque la guerre d'Espagne fut décidée au congrès de Vérone, le motif déterminant fut le désir d'arracher à la révolution l'asile qu'elle s'était fait dans la péninsule, d'où elle menaçait de nouveau la tranquillité de l'Europe. Cette guerre fut proposée comme une mesure de sûreté générale pour les monarchies; la

France se chargea de la tâche, elle la remplit avec honneur et succès; il n'était pas question de profits.

Eh bien! ce que la France a exécuté en courant les risques d'une invasion armée, et au prix de ses trésors, don Miguel l'a fait seul, sans autres secours que ses droits, son caractère, et l'appui des Portugais fidèles : voilà ses titres; en est-il de plus clairs, de plus sacrés?

Comment se fait-il donc que ses ambassadeurs ne soient pas encore officiellement accueillis dans toutes les cours légitimes de l'Europe? Qui hésite à se prononcer en sa faveur? Serait-ce l'Autriche, dont naguère les armées, déployant la bannière de la sainte-alliance, relevaient de vive force les trônes de Naples et de Turin; et, tout récemment, aidaient au St-Père à comprimer la révolte dans ses états? Serait-ce la Russie, qui, après avoir détruit la révolution de Pologne, porte secours au sultan en péril? Protecteurs ou protégés dans la croisade monarchique, princes libérateurs ou rois délivrés, qui pourrait méconnaître un seul instant les services du nouveau croisé, les titres évidens du restaurateur du Portugal! Si de légères considérations qui embarrassent souvent la diplomatie, s'opposaient plus long-tems à de si graves motifs, les ennemis nombreux des rois légitimes ne pourraient-ils pas raisonner ainsi : ou les cabinets alliés se sont joués de la crédulité publique, en publiant que leur unique but était d'affranchir l'Europe du joug des révolutions ; ou il y a dans leur hésitation, à l'égard de don Miguel, autant d'inconséquence que d'ingratitude.

CONCLUSION.

Du court, mais véridique exposé qu'on vient de lire, tout lecteur raisonnable devra conclure :

1° Que don Miguel est l'homme de la nation portugaise ;

2° Que les constitutionnels portugais sont les hommes de l'étranger.

Maintenant, qu'on juge entre don Miguel et ses détracteurs, entre les Portugais fidèles à leur constitution, à leur religion, à leurs lois, à leur patrie enfin, et ceux qui, sous la conduite de don Pedro, essaient d'envahir et de bouleverser le pays, à l'aide d'auxiliaires recrutés dans le rebut des nations étrangères.

On a reproché à don Miguel des rigueurs judiciaires. On a dit que les prisons de Lisbonne regorgeaient d'accusés politiques ; que des conspirateurs avaient été suppliciés.

Mais on n'a jamais cité un seul acte arbitraire de don Miguel. La justice du pays se rend en son nom, mais enfin c'est la justice. Nous ne voulons ni approuver, ni blâmer les formes qu'elle emploie, nous ne les connaissons pas ; et d'ailleurs nous n'en aurions pas le droit. Les conspirateurs les connaissaient apparemment lorsqu'ils s'y sont exposés. Mais enfin c'est la nation elle-même qui se défend, par ses tribunaux, selon ses règlemens et ses usages. Ces rigueurs fussent-elles à déplorer, il est absurde de les imputer à don Miguel.

Eh ! qui les lui reproche ? Ceux qui ont refusé de le reconnaître, qui le traitent de *monstre*, qui excitent et encouragent contre lui les tentatives de révolte, qui favorisent l'invasion armée de son territoire, qui le signalent aux poignards, les *monstres* qu'ils sont eux-mêmes, comme un ennemi de l'humanité !

A qui doit-on reprocher le sang versé à Porto ? Vers qui doivent s'élever les plaintes des malheureux retenus dans les prisons du royaume, sinon vers ces mêmes hommes qui, placés, à la honte de la civilisation, dans les rangs élevés de l'administration publique des états, feignent de méconnaître que don Miguel est roi de droit, de fait, avec l'assentiment de sa nation, et qui refusent de proclamer l'évidence ? N'est-ce pas à eux-seuls que la postérité attribuera tous les malheurs que le Portugal a soufferts depuis quelques années ?

FIN.

De l'Imprimerie de PILLET aîné, rue des Grands-Augustins, n° 7.

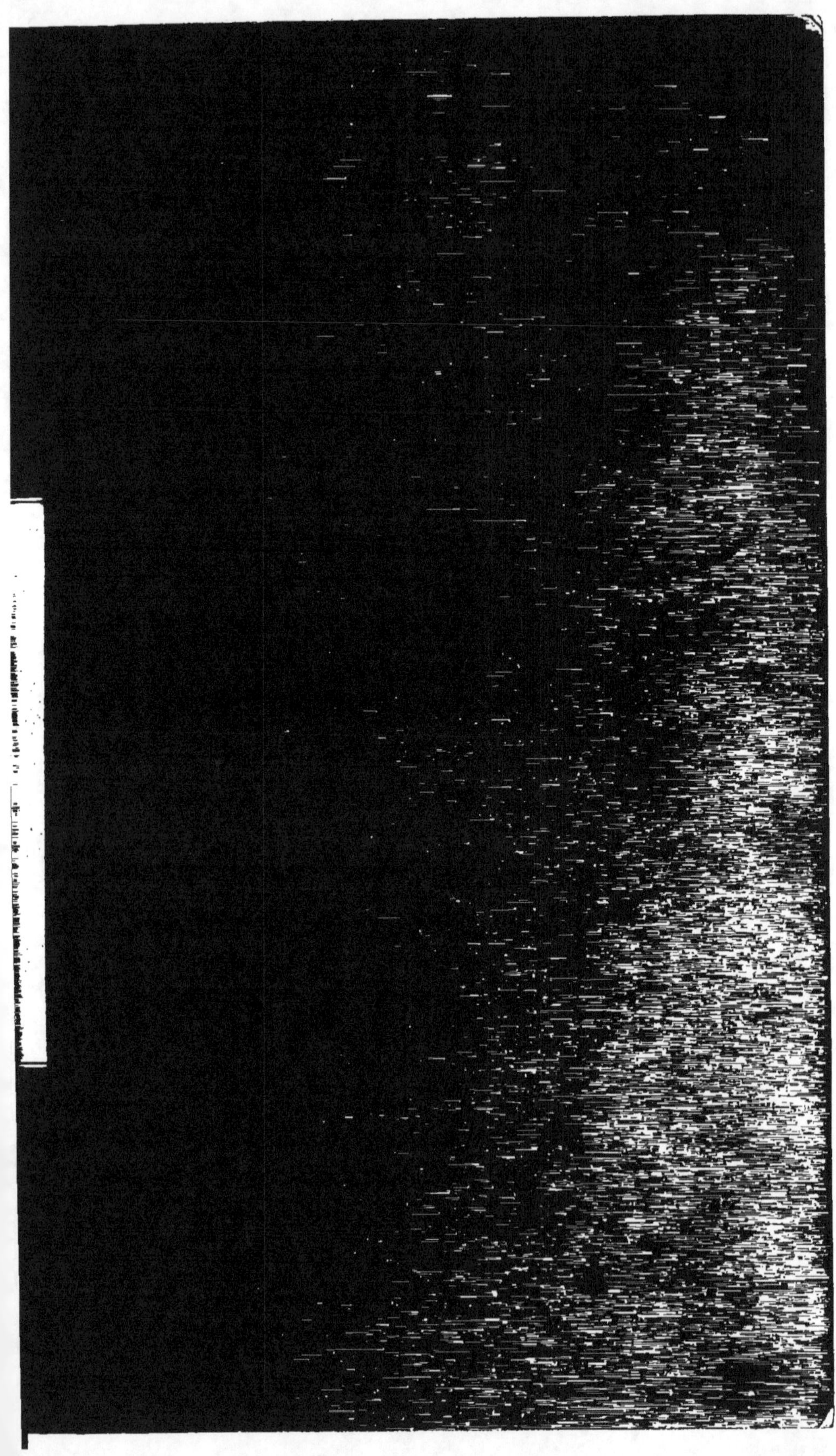